Heidrun Straube
Hebamme

Nie mehr
Außer Betrieb

Eine
poetische Aufbaukur

Herstellung und Verlag:
BoD - Books on Demand, Norderstedt
ISBN 978-3-7412-9342-9

# Inhaltsverzeichnis

Vorwort

Schicksale                                                               9

| | |
|---|---:|
| Power-Lady | 11 |
| Das Adlerweibchen | 12 |
| Federkleid | 14 |
| Burnout | 15 |
| Vater, Mutter, Kind | 16 |
| Schneewittchen | 18 |
| Jeanne d'Arc | 20 |
| Schniedel durch die Lasche | 22 |
| Stehauf-Männchen | 24 |
| Selbstverpflanzung | 25 |
| Meine Mauer | 26 |
| Nötigung und Selbstausbeutung | 27 |
| Der olle Chef | 28 |
| Der Sieger steht schon fest | 30 |
| Leuchtturm | 32 |
| Einsicht | 34 |
| Frei wie der Wind | 35 |
| Freiheit | 36 |

Stressige Zeitgenossen 37

    Die Nadelstreifensau 39
    Sexuelle Belästigung 40
    Drachen und Plattmacher 41
    Pseudoprimus 42
    Selbstbehauptung 44
    Kündigung 45

Angenehme Zeitgenossen 47

    Juwel contra Kettenhund 49
    Optimist 50
    Der Fels in der Brandung 51

Heiteres 53

    Höhenwachstum 55
    Begeisterung 56
    Pflicht 57
    Urlaub 58
    Familienmanagement 59
    Lastenverteilung 60
    Wahrheit 61

Erkenntnisse                                          63

    Das Herz                                     65
    Hörigkeit                                    65
    Scheuklappenverrostung                       65
    Dumm                                         65
    Intelligenz                                  65
    Veröffentlichte Kunst                        65
    Parkverhalten                                66
    Lippenstift                                  66
    Galeere                                      66
    Die A-Karte                                  66
    Zwei Arten von Menschen                      67
    Die Welt als Säuglingszimmer                 67
    Komposthaufen                                67
    Bescheidenheit                               68
    Gedanken                                     69
    Vers um Vers                                 70
    Kritikfähigkeit                              71
    Nutze das Jetzt                              72
    Hass                                         73
    Abstand                                      74
    Funktionsfähigkeit                           75
    Hoffnung                                     76
    Grenzenlose Transparenz                      77
    Wunderwaffe                                  78
    Der weibliche Instinkt                       79
    Musikalische Aufmerksamkeit                  80

## Erkenntnisse mit christlichen Pointen 81

Glück im Zeitgeist 83
Prüfung 84
Früchte des Geistes 85
Sklaventreiber 86
Rache am Qualitätsmanagement 87
Sünde 88
Die Perle im schwarzen Gewand 89
Angst 90
Liebe 92
Gebet 94

## Trauerarbeit 95

Mein kleines, zartes Zuckerle 97
Der gegangene Freund 98
Letzte Reise 99
Ich kann nicht funktionieren 100
Was ist mit meinem Leben los? 101
Zeit heilt Wunden 102
Mein Sonnenschein 103
Mein Papa 104
Mutter 105

# Vorwort

Burnout ist das Ergebnis der Dauermissachtung
des Gebotes
„Liebe Deinen Nächsten wie Dich selbst."
Matthäus 22:39
Deshalb gilt:
„Wer daher denkt, er stehe,
der sehe zu, dass er nicht falle."
Paulus im 1. Brief an die Korinther 10:12

Meine Gedichte sind jedem gewidmet, der in seinem orientierungslosen Verzweiflungstief ein Sprachrohr braucht.

Das einzige Gedicht, das aus meiner Hebammen-Tätigkeit herrührt, ist „Power Lady".
Alle anderen Gedichte entstammen der Erfahrung aus der Zeit meiner Teilzeitjobs, während ich mich aus meinem ersten Burnout erholt habe, um in meine zweite Erschöpfungsdepression zu rutschen.

Nach 20jähriger Berufspause habe ich eine Coach-Ausbildung absolviert, bin Fachkraft für Seelische Gesundheit und widme mich wieder mit Freude meinen Wöchnerinnen.

Heidrun Straube
Hebamme

# Schicksale

# Power-Lady

Power-Lady war mein Name.
Ach, wie ging es mir so gut!
Ich war Boss der Arbeitslobby,
wahrlich voller Lebensmut!

Trotz der vielen Warnsignale,
die mein Körper sandte mir,
folgte ich dem Ruf der Arbeit,
statt zu gönnen mir Plaisir.

Dieser Punkt in meinem Leben
liegt nun fünfzehn Jahr' zurück.
Schonung hab' ich mir erbeten,
zu bewahr'n mein letztes Glück.

Fast wär' alles abgestürzt,
mir als Lady Power!
Ruh' und Trost haben genützt.
Seitdem bin ich schlauer.

# Das Adlerweibchen

Ich kenn' ein Adlerweibchen,
sie flog gar weit hinaus,
zu schauen nach den ander'n,
hinaus und hoch hinauf.

Sie konnt' so weit gar fliegen,
so weit und auch so hoch,
weil sie die Kräfte hatte,
sogar viel weiter noch.

Das Schauen nach den Kleinen
hielt auf und nahm ihr Kraft.
Sie tröstete beim Weinen,
was Ehre ihr verschafft.

Von Ehre kann sie laben,
weil Labsal Nahrung ist.
Als Kräfte sie verzehrten,
kein Spatz war je in Sicht.

Die Flügel sind gebrochen,
die Beine sind verstaucht.
Auch sie wird dann frohlocken,
wenn Hilfe sie erbaut.

Kopf hoch, mein Adlerweibchen!
Heilung geschieht leise!
Du wirst dein Nest erreichen!
Vorsicht auf der Reise!

Ich wünsch' ihr Gottes Segen
auf ihrem Lebensflug.
Soll Energien pflegen,
dass jeder hat genug.

# Federkleid

Endlich fliegt mein Adlerweibchen
ganz allein zur Pflege.
Jetzt lässt sie sich auskurieren
in dem Fachgehege.

Wir und and're wissen es,
dass es lange dauert,
bis sie dort im Pflegenest
langsam wieder powert.

Bis ihr neues Federkleid
wird an Pracht gewinnen,
wird sie in Geborgenheit
sich auf Kraft besinnen.

Gerne würde ich mit ihr
durch die Thermik schweben,
in ein sicheres Revier,
ihre Heimat ebnen.

# Burnout

Kannst du's auch noch nicht begreifen,
den Verdacht auf dein Burnout?
Tust Erholung dir verkneifen,
das nonstop, tagein, tagaus.

Oder ist es vielmehr so,
dass du dich schon isolierst
und du weißt nicht recht, wieso
du an Sicherheit verlierst?

Akzeptanz der Höchstbelastung,
diese Zeit ist längst vorbei.
Weil du einfach nicht mehr kannst,
kommen Zweifel schnell herbei.

Zweifel über Arbeitslast,
quälen im Privaten.
Auf die Qual der ew'gen Hast
folgt der Dauerschaden.

Dies ist dein privater Krieg
deiner Lebenspower.
Liegen deine Nerven blank?
Wirst du endlich schlauer?!

# Vater, Mutter, Kind

Frei nach J. W. v. Goethe

Wer schuftet so spät bei Nacht und Wind?
Es ist die Mutter nebst ihrem Kind.
Sie hört dem Knaben nicht richtig zu.
Im Grunde genommen will sie ihre Ruh'.

„Ach, Mutter, was birgst du so bang dein Gesicht?"
„Siehst, Knabe, du die Unordnung nicht?
Den Haushalt, die Wäsche, die Heimarbeit –
wenn Vater heimkommt, gibt's wieder Streit."

„Ach, liebe Mutter, komm geh' mit mir.
Gar schöne Spiele spiel' ich mit dir.
Manch' bunte Blumen sind an dem Strand.
Wir beide erträumen manch' gülden Gewand."

„Mein Knabe, mein Knabe, weißt du denn nicht,
was Vater zischt, wenn nichts aufgetischt?"
„Sei ruhig, bleibe ruhig, meine Mutter -
serviere den Wein mit Weißbrot und Butter!

Willst, liebe Mutter, du mit mir geh'n?
Die Nachbarskinder spielen so schön.
Die Eltern spielen und singen auch mit.
Zum Abschluss, da gibt es immer Bisquit."

„Mein Knabe, mein Knabe, siehst du nicht dort?
Dein Vater besteht auf einen sauberen Ort."
„Mutter, Mutter, ich erkenn' es genau:
Du solltest dich schonen, du bist eine Frau!

Jetzt komme doch endlich, wir spielen im Wald.
Und bist du nicht willig, so brauch' ich Gewalt."
„Mein Knabe, mein Knabe, jetzt lass' mich in Ruh'.
Ich muss endlich putzen des Vater's Schuh."

Der Vater ist da und öffnet die Tür.
Er legt sich auf's Sofa und schreit nach dem Bier.
Das Kind hat Angst und geht zur Ruh'.
Die Mutter zieht aus des Vaters Schuh'.

# Schneewittchen

Warum wohl ist Schneewittchen
als Märchen so bekannt?
Vielleicht wegen der Strenge
im eig'nen Vaterland?

Verzeiht, der Staat kann nichts dafür,
es ist das Elternhaus.
Durch jeden Drill über Gebühr
wird's Klima gar zum Graus.

Es fehlt die Herzenswärme
samt der Gelassenheit.
Da hilft auch keine Therme
bei so viel Eisigkeit.

Wenn's eig'ne Wohl viel schwerer wiegt
als Liebe zu den Kindern,
dann hilft da nur noch beten,
um Schlimm'res zu verhindern.

Schneewittchen hat es wohl erkannt
und ist gar weit geflohen.
Sie fand ihr Glück auch anderswo
um nicht noch zu verrohen.

Doch nicht nur das, ihr Leben war
in sehr großer Gefahr.
Denn Mutters große Eifersucht
war nicht mehr ausgleichbar.

So fährt der Zeitgeist immer fort
mit den Erziehungsschwächen.
Man findet sie an jedem Ort:
die Eltern-Kind-Verbrechen.

Jetzt wisst ihr, weil dies Märchen ist
in diesem Land bekannt.
Und wenn ihr ein Schneewittchen trefft,
dann macht's beim Amt bekannt!

# Jeanne d'Arc

Jeanne d'Arc wurd' missbraucht,
zu retten ihr Land.
Sie ritt hoch zu Ross,
das Schwert in der Hand.

Das Licht ihrer Jugend
war stets ihr Geleit -
gespannt vor den Karren:
„zum Kampfe bereit!"

Sie glaubte an Gott
und an die Nation.
Doch manch' hoher Herr
verbarg ihr den Hohn.

Die Führer des Landes,
sie stellten sich dumm.
Jeanne's Pflichtbewusstsein,
das brachte sie um.

So wurd' sie missbraucht
zum Vaterlandszweck -
letztendlich allein
im Tode, im Schreck.

Nicht ein einz'ger Dank
von Fürst oder Graf!
Als Beispiel sie dient
für's treudoofe Schaf.

An Jeanne sei gedacht,
wenn's wieder mal brennt.
Und manch hoher Herr
die Sehnsucht erkennt.

Die Sehnsucht nach Ehr'
und Lob für den Mut,
für den, der verteidigt
des Herr'n Hab und Gut.

Dann drehe den Spieß um
und sporn' den Herr'n an,
wie schnell er zur Ehr' kommt
als Kriegsveteran.

Jeanne d'Arc wurde wirklich
verbrannt und verheizt
drum fühl auf den Zahn
des hohen Herr'n Geist'.

# Schniedel durch die Lasche

Melodie: Der Nippel
Musik Mike Krüger

Ich war im zarten Alter
von g'rade mal 12 Jahr'.
's geschah am hellen Tag
und war nicht absehbar.
Ich stand in einem Kaufhaus
vor einer Kleiderwand.
Da spürte ich am Po 'ne fremde Hand.

Refrain
Da möchte man den Schniedel durch die Lasche zieh'n
und superlangsam nach oben dreh'n.
Verfärbt er sich dann blau,
haut man ganz feste drauf.
Und schon hört das Grabschen auf.

Was sonst noch alles abgeht
in diesem schönen Land,
das wag' ich nicht zu ahnen.
Das raubt mir den Verstand.
Man spricht von therapieren.
Ob's hilft, das weiß nur Gott.
Ich weiß nur eins, ich war danach geschockt.

Doch Selbstjustiz ist strafbar
in diesem schönen Land.
Der Dienstweg ist juristisch
politisch anerkannt.
Wenn Täter hätten Ausgang,
wär' das dann Tatversand?
Das ist zu viel für meinen Sachverstand.

Hätt' ich Weisungsbefugnis
in diesem schönen Land,
wär' Judo und Karate
als Hauptfach anerkannt.
Auch hilft hier nur noch beten
und Selbstverteidigung.
Denn keiner braucht hier diese Perversion.

Aus juristischen Gründen MUSS in der
3. Strophe die Eventualität stehen bleiben.

## Stehauf-Männchen

Warst du auch mal flach gelegen
und man hat nach dir geschaut?
Tat dich hegen, tat dich pflegen,
meistens leise, selten laut.

Hilfe brauchst du dann und wann.
Sollst sie nicht entbehren!
Wenn du selber nicht mehr kannst,
kommt ein Anderer zu Ehren.

Steht das Männlein wieder auf,
tut und macht und schafft,
alles nimmt dann seinen Lauf -
mit gewohnter Kraft.

# Selbstverpflanzung

Ein Baum, der sich schon selbst verpflanzt,
der flieht vor kranken Erden.
Denn wären diese schadstofffrei
käm's nicht zum Wurzelsterben.

Sind schon die Wurzeln stark erkrankt,
erkranken auch die Blätter.
Er kriegt nicht, was ihm immer nutzt,
zu trotzen jedem Wetter.

So darf der Gärtner sich nicht wundern
bei dieser Art von Flucht.
Er hat die Sorgfaltspflicht verletzt
und kriegt die Quittung voller Wucht.

# Meine Mauer

Am Anfang war ich offen
für alles und für jeden.
Man hat mich oft getroffen
meist vor und nach den Fehden.

Drum ging ich hin und baute
'nen Zaun ums ganze Haus.
Und bei Bedarf da schaute
ich über'n Zaun hinaus.

Doch schon allein vom Schauen
da wurde mir sehr bang.
Ich ließ 'ne Mauer bauen –
viel höher als bislang.

Doch niemand wollt' verstehen
die Art von Rückzugsschutz.
Sie rissen ein die Mauer
aus Spaß und Eigennutz.

Nun pfleg' ich meine Mauer
um's ganze Herz herum.
Zwar sind die andern sauer
und schauen auch ganz dumm.
Doch brauch' ich meine Mauer
um's ganze Herz herum.

# Nötigung und Selbstausbeutung

Nötigung und Selbstausbeutung
gehen Hand in Hand.
All die Bildung ist verblendet
und auch der Verstand.

Diese Menschen glauben nicht,
dass sie sich versklaven,
schwimmen in der rauen See
statt im sich'ren Hafen!

Einer folgt dem anderen,
keiner schaut sich um.
Jeder hofft auf Sicherheit
und auf Eigentum.

Selbst wenn Tausend untergehen,
folgt schon bald der Nächste.
Prinzipiell sind Hoffnungen
Trost für jede Hetze.

# Der olle Chef ist fort

Originalmelodie:
Mein bunter Harlekin

Der olle Chef ist fort.
Der olle Chef ist fort.
Jetzt kontrolliert und schikaniert und ärgert
er die Leute an einem ander'n Ort.
Hoho haha hihi
Der olle Chef ist fort.
Der olle Chef ist fort.
Er musste sehr weit fort.
Unser oller Chef ist fort.

Der Betrieb erwacht.
Der Personalrat lacht.
Die Effizienz erwacht
für's gleiche Geld.
Die Freiheit ruft
nach Schöpfungsvielfalt laut.
Die Konstruktivität
sich daraus erbaut
in Team-Aktivität.

Der olle Chef ist fort.
Der olle Chef ist fort.
Jetzt lernt er alle Sachen unter lachen richtig machen
und nicht auf uns rumzuhacken.
Hoho haha hihi
Der olle Chef ist fort.
Der olle Chef ist fort.
Unser oller Chef ist fort.

Er kommt herein
und grüßt mit frohem Sinn:
„Es lebe der Neubeginn.
Jetzt ab sofort.
Die Freiheit ruft
nach Schöpfungsvielfalt laut.
Die Konstruktivität
sich d'raus erbaut
in Team-Aktivität."

Der tolle Chef ist da.
Der tolle Chef ist da.
Er kann jetzt mit uns lachen
während wir die Arbeit machen
bis wir aus den Nähten krachen.
Hoho ha ha hihi
Der tolle Chef ist hier.
Der tolle Chef ist hier.
Unser toller Chef bleibt hier!

# Der Sieger steht schon fest

Der Sieger steht schon lange fest
bevor der Startschuss fällt.
Für mich ist das kein Manifest -
das ist die Art, die quält.

Denn wäre es ein Manifest,
dann wären Regeln transparent.
Die Chancengleichheit stünde fest
und feierlich das Happy-End.

Mit fairen Regeln: faire Siege!
So ist Frau Justitia blind.
Den Regelsumpf nennt man Intrige,
mancher kennt das schon als Kind.

Der Regel-Nebel gibt es viele
voller List und Tücken.
Sehr undurchsichtig sind die Spiele
auf und hinter'm Rücken.

Man strengt sich an, nichts bleibt verschont,
spielt „Ehrgeiz ohne Grenzen".
Ein and'rer einen überholt
und darf im Ziele glänzen.

Es wird bemerkt: Hier stimmt was nicht!
Doch wird man nicht ganz schlau.
Man zieht mit allen vor Gericht
und landet selbst im Bau.

So ist's nun mal, mein lieber Freund.
Das ist der Geist der Zeit.
Verzicht' auf Ehrgeizolympiaden
und werde draus gescheit.

# Leuchtturm

Ich wär' so gern dein Leuchtturm
auf deinem rauen Meer.
Signale würd' ich senden
zu deinem Schutzbegehr'.

Ach wär' ich doch das Segel,
auf deinem Rettungsboot.
Den Stürmen würd' ich trotzen,
dich retten aus der Not.

Und wär' ich nur ein Schwimmring –
bescheiden, klein und fein.
Ich würd' mein Bestes geben,
dich bringen sicher heim.

Ich wünscht', ich könnte nehmen
dir deine ganze Qual.
Ich wünscht', ich könnt' vertreiben
das Schlechte auf ein Mal.

Es gibt so viele Strudel
auf jeder rauen See.
Ich hoff', du hast die Gabe,
zu finden deinen Dreh.

Ganz gleich was ich auch tue,
ich bete Tag und Nacht
zu uns'rem lieben Schöpfer,
dass er dich gut bewacht.

# Einsicht

Ich stand zwischen zwei Bäumen.

Ich genoss die Sicherheit der Deutschen Eiche und begeisterte mich für die schillernde Gewandtheit der Birke.

Ich schüttelte die Birke voller Wut und Verzweiflung, weil sie nicht beides war: schillernd und sicherheitsspendend.

Ich brach weinend unter der Birke zusammen und schlief ein.

Ich erwachte mit viel klebrigem und feinem Harz auf meinem Körper.

Ich sah ein, dass ich außer ihren Verletzungen nichts bewirkte.

# Frei wie der Wind

Ist der Wind wirklich frei?

Fühlt er sich unfrei, wenn er seinen Weg nicht über das Gebirge schafft?

Fühlt sich der Wind frei, wenn er Feuchtigkeit, Abgase und Aromen transportiert?

Schläft der Wind bei Windstille?

Ob der Wind wohl böse ist, wenn er tobt?

Aber weil auch der Wind ein elementares Geschöpf unseres Schöpfers ist,
ist er ein luftiges Rädchen im großen Getriebe.

Er wird gebraucht und er wird geliebt.

# Freiheit

Wie groß ist die Wertschätzung der Freiheit,
wenn sie vollkommene Grenzenlosigkeit hat?

Verdient die Unvollkommenheit die
vollkommene Freiheit?

Ist die Verantwortung vollkommen,
wenn die Unvollkommenheit die vollkommene
Freiheit lebt?

# Stressige Zeitgenossen

# Nadelstreifensau

Wer hält euch für dumm und sich selber für schlau?
Wer knebelt die einen, stiehlt andern die Schau?
Wer hält es für Macht, zu gängeln die Frau?
Wer spuckt auf die Menschen, stolziert wie ein Pfau?
Wer gibt sich aalglatt, lügt vom Himmel das Blau?
Wer weist seine Schuld ab, zu umgehen den „Bau"?
Wes Herz ist so schwarz und wes Sitten so rau?
Man(n) trägt Nadelstreifen und ist eine Sau!

## Sexuelle Belästigung

„Ach wie sehr würd's mich betören
deinen Jugendschwank zu hören.
Ich bin gerne untergeben
um mein Becken zu beleben."

„Nein, ich hab' nichts zu erzählen
aus meinem bisher'gem Leben:
nicht intim und nicht privat -
dafür bin ich mir zu schad'."

„Bist du wirklich nicht bereit
für die Art Natürlichkeit?
Schade, dass du willst verschweigen
deinen ersten Jugendreigen.
Oder wirst du schweigen müssen
wegen einst zu vielen Küssen?"

„Zwischen uns gibt's kein Chérie.
Bleiben Sie mit mir per Sie!
Ihr Benehmen zeigt ganz deutlich -
Selbsterziehung: unerfreulich!
Diese Art Belästigung
führt ganz schnell zur Anhörung.
Darum rate ich zu schweigen,
statt sich alles zu vergeigen."

# Drachen und Plattmacher

Von Zeit zu Zeit hab' ich es satt
mich vollends links zu machen.
Der Erste kommt und macht mich platt,
der Zweite mimt den Drachen.

So geht's bergab, so geht's bergauf.
Das kann doch gar nicht sein!
Wenn das wird sein mein Lebenslauf,
dann pack' ich lieber ein.

Wohin ich geh', das weiß ich nicht -
vielleicht ins ferne Land?
In jedem Falle brauch' ich Licht
und Menschen mit Verstand.

Ich hoff', dort sind die Herzen warm.
Das wäre wirklich schön.
Die Leute wären ohne Harm
und frei von dem Gedröhn.

# Pseudoprimus

Der „Pseudoprimus" ist ein Schlimmer.
Ein gutes Teamwork ist ihm fremd.
Er fordert immer, immer, immer,
und merkt nicht, wann die Sphäre brennt.

Die and'ren tappen stets im Dunkeln.
Nur er genießt den hellen Pfad!
Die Regeln dienen stets zum Flunkern,
denn ihm ist wirklich nichts zu schad'.

Und hat mal einer von den Seinen
so einen richtig großen Geist,
dann nötigt er ihn zu den Kleinen,
mal subtil und mal ganz dreist.

Doch wahre Stärke ist das nicht.
Er ist auch oft alleine.
Sich unterordnen will er nicht,
drum meidet er Vereine.

Charakterstärken hat er zwar,
so circa um die drei.
Die legt er immer offen dar,
und schon ist es vorbei.

Das aufwärts Schleimen, abwärts Spucken,
ist stets seine Devise.
Und wer nicht schweigt, der lernt das Zucken!
Er duldet keine Krise.

Ja, solch ein kleiner Gartenzwerg
braucht Zuneigung für Sieben.
Denn von Komplexen ganz zerstört,
hilft nur noch, ihn zu lieben.

# Selbstbehauptung

Betreibst du deine Schikanen,
um mich zum Knecht zu machen?
Sollte mein Wille erlahmen,
vollends zusammenkrachen?

Hältst du mich wirklich für so dumm,
denkst, ich würd' es nicht merken?
Nein, ich bleibe bestimmt nicht stumm!
Werde zum Angriff umkehren!

Denn:

Die Würde des Menschen,
das ist bekannt,
ist unantastbar,
in Herz und Verstand!

# Kündigung

Ich war lang' ihr Arbeitstier,
gab rundrum mein Bestes.
Morgen flieh' ich weg von hier,
kuriere mein Gehetztes.

„Zeit ist Geld" war die Devise.
Ihnen ging nichts schnell genug.
Pausen gab es nur als Brise,
bis die Last mich fast erschlug.

Ich verzichte auf den Status -
will Minimalistentum.
Das mag sein ein Wirtschaftslapsus,
ABER ICH PFLEGE MEINEN INNEREN
REICHTUM.

# Angenehme Zeitgenossen

# Juwel contra Kettenhund

Kürzlich traf ich eine Spezies,
diese nennt man Kettenhund.
Obrigkeiten ist's egal.
Wichtig ist, er ist gesund.

Dieser Typus, brav und bieder,
filtert schon von außen.
Wenn er nicht mehr funktioniert,
ist er in Kürze draußen.

Er darf keinen Fehler machen -
hauptsächlich nach oben.
Diese Stufen sind so rutschig.
Abwärts darf er toben.

Ist mal einer ausgeglichen,
diesen nennt man dann Juwel.
Jenen wird man schnell vermissen,
denn von solchen gibt's nicht viel.

# Optimist

Nein, ich lass' sie mir nicht nehmen,
meine Kraft, die mich erhält.
Immer dieses dunkle Grämen,
will hinaus auf's bunte Feld!

Will die Blumen auf den Feldern
mit der Sonne strahlen sehen
und mit Vögeleingezwitscher
munter meines Weges gehen.

Auf die Wege muss ich achten:
klarer Weitblick fest im Sinn,
keine Streitigkeit entfachen,
Freud' gepaart mit Disziplin.

Feindesliebe könnte heißen,
geh' und nimm ihn an die Hand.
Keine Angst, er wird nicht beißen
beim Verzeihen seiner Schand'.

# Der Fels in der Brandung

Der Fels steht in der Brandung
bei jeder Wetterlage.
Nach vieler Leute Strandung
erhört er ihre Klage.

Wie immer fängt er alle auf:
die Starken und die Schwachen.
Er strahlt gewünschte Ruhe aus
und kann auch meistens lachen.

Doch dieses Lachen schwindet schnell,
wenn er nicht pflegt sich selber.
Urplötzlich ist es nicht mehr hell -
und das wird immer ärger.

Wenn Steine dürfen weinen,
dann darf's der Felsen auch.
Er soll nicht immer meinen,
nur Stärke zählt zum Brauch.

# Heiteres

# Höhenwachstum

Ist der Ehrgeiz noch recht klein,
dann gleicht er sehr der Eitelkeit.
Doch wenn er tritt aus seinem Schein,
dann schrumpft sogleich die Heiterkeit.

Auf Wachstumsschnelle ist zu achten
so wie auf die Beschaffenheit.
Gar Mancher würd' gern alles pachten
und übersieht die Maßeinheit.

Die Eitelkeit samt Höhenwachstum
bekommen nicht gleich jedem gut.
Die Überschätzung trotz der Warnung,
sie endet meist im Höhenflug.

Das Fallen aus der Höhe her,
und die Erfahrung ist gewiss,
das ist noch nicht einmal so schwer -
nur schmerzt der Sturz auf das Gebiss.

Dabei stand doch zu Anbeginn
nur Anerkennung fest im Sinn.
Bekannt wird mancherlei Ruin
und trotzdem folgen viele ihm.

# Begeisterung

Liebst Du der Begeisterung
feuriges Versprühen?
Achte auf die Flugrichtung -
willst ja nicht verglühen!

Vorreiter für Fun-Gefühle
bahnen sich das Happy-End.
Wachsamkeit verfolgt die Ziele,
dass nichts wegen Fun verbrennt.

Mit der Pflicht ist es das Gleiche,
rasch verfliegt sie aus dem Sinn.
Dann folgt eine lange Beichte
und das Image ist dahin.

# Pflicht

Mal auszuruhen ist gesund
und dazuliegen wie ein Hund.
Ich strecke alle Viere aus
und werf' die Arbeit einfach raus!

Doch woher nehme ich das Geld?
Ich will doch nicht ins Camping-Zelt!
Ein bisschen Luxus wär' ganz nett,
bei 20 °C im Daunenbett.

Was mach' ich bloß am nächsten Morgen?
Am besten, ich verdräng' die Sorgen.
Dem Wecker halt' ich meine Treue
und erstick' die Arbeitsscheue!

So ist es mit den blöden Pflichten,
es bringt nichts, sie zu früh zu richten.
Ein Lob auf meine Disziplin!
Wo fliege ich im Urlaub hin?

# Urlaub

Groß Urlaub machen ist ganz schön
und in den Wellen baden geh'n.
Doch wen treff' ich am Südseestrand?
Es sind die Maiers, Hand in Hand!

Ich tu', als würd' ich sie nicht seh'n,
und dreh' mich um, um wegzugeh'n.
Ich wünscht', ich wär' inkognito -
da hör' ich ihr „Halli-Hallo"!

Jetzt steh'n wir drei am FKK,
nichts ist mehr so, wie es mal war.
In Zukunft bleib' ich auf Balkonien,
spare Geld und gieß' Geranien.

# Familienmanagement

Die Küren und die Pflichten
vermischen sich sehr gern.
Das gibt dem Leben Würze
bei uns auf diesem Stern.

Der Pflicht gebe den Vorrang,
danach gönn' dir die Kür.
Entwickle deinen Zeitplan
und dein Gespür dafür.

Doch wenn du ihn missachtest,
den Ausgleich von den beiden,
du bald die Flut betrachtest,
die anschwemmt viele Leiden.

Deshalb erstell' den Pflichtenplan
für Eltern und für Kinder.
So dass du Kür erleben kannst -
davor und auch dahinter.

# Lastenverteilung

So ein Burnout entsteht nicht nur
am Arbeitsplatz bei voller Schur.
Auch Haushalt, Garten, Hund und Kind,
berühmt für die Belastung sind.
Weshalb man an den Regeln feilt
und Lasten schön gerecht verteilt.
Nur dichte Grenze schützt das Ego
und hilft besser als Placebo.
Ich wünsche euch noch recht viel Zeit
für Muse, Lieb' und Heiterkeit.

# Wahrheit

Mein Lebenswandel ist recht bunt,
doch lüg' ich niemand' an.
Die Wahrheit ist 'ne Heiligkeit,
nur das zieht keinen an.

Und weil die Welt so böse ist,
steh' ich jetzt vor Gericht.
Man rät mir stur zu schweigen,
doch sowas liegt mir nicht.

Ich leg' die Karten auf den Tisch
und lass' „die Hosen runter".
Die bösen Buben woll'n das nicht
und hoffen auf ein Wunder.

Das Schicksal hilft, ob kurz, ob lang
'ner ehrlich Haut wie meiner.
Justitia fängt stets ohne Bang
die Lug-und-Trug-Designer.

# Erkenntnisse

Das Herz
Was wiegt so schwer, wenn es ist leer?
Es ist das Herz im Sorgenmeer.
Was wiegt so leicht, wenn es ist voll?
Es ist das Herz als Liebestroll.

Hörigkeit ist, wenn man sich unter dem Deckmantel der Liebe einer gewissen Verwahrlosung unterordnet.

Scheuklappenverrostung ist niveau__un__abhängig.

Dumm darf man sein,
man muss sich nur zu helfen wissen.

Intelligenz schützt vor Dummheit nicht.

Die veröffentlichte Kunst gleicht einer Straßenlaterne: Für den einen ist sie eine Leuchte und für den anderen dient sie zur Reviermarkierung.

## Parkverhalten

Das Parkverhalten  m a n c h e r  Männer
stellt jeden Blondinenwitz in den Schatten.


## Lippenstift

Der aufgetragene Lippenstift erinnert das
Arbeitstier in mir daran,
dass ich in erster Linie eine Frau bin.


## Galeere

Ganz Deutschland gleicht einer Galeere.
Aber die Trommler sind auch nicht besser dran
als die Ruderer.


## Die A-Karte

Man zieht die A-Karte nicht, sie wird einem
zugeschoben.

Zwei Arten von Menschen

Es gibt zwei Arten von Menschen: Die einen gehen zurück um dem Druck auszuweichen; die anderen gehen zurück um Anlauf zu nehmen.


Die Welt als Säuglingszimmer

Manchmal gleicht die Welt einem Säuglingszimmer:
Derjenige, der am lautesten schreit, wird als erster versorgt.


Komposthaufen

Wenn ein System seine Mitarbeiter wie Orangen ausquetscht, dann entsteht in kürzester Zeit der teuerste Komposthaufen der Nation.


Komposthaufen

Wenn ein System seine Mitarbeiter wie Orangen

# Bescheidenheit

„Bescheidenheit ist eine Zier,
doch weiter kommt man ohne ihr."
So klingt es aus des Volkes Mund
und ist am Ende nicht gesund.

Im Vorsprung, den man hat erworben,
glaubt man, man sei frei von Sorgen.
Die Güter aus dem Großkonsum
bezahlt man wie ein Heiligtum.

Zu schnell versklavt man sich den Dingen,
verheddert sich in deren Schlingen.
Die Ellenbogen nutzen ab
und Schande nimmt man mit ins Grab.

Mit Weitblick hat das nichts zu tun -
schon gar nichts mit Verantwortung.
Das Schicksal rächt sich, will Tribut,
und macht alles gleich kaputt.

Die Lügerei macht doch nur krank
und irgendwann kommt es zum Zank.
Drum lass' den Quatsch und sei gescheit
und üb' dich in Bescheidenheit.

# Gedanken

All das Denken der Gedanken
kennt ursprünglich keine Schranken.

Was ist, wenn die Schranken denken
und meine Gedanken lenken?

's wär ein Kampf gegen die Schranken
so wie einst gegen Giganten.

Sollten dann nicht die Giganten
Grenzen setzen bei den Schranken?

So erweitern sich Gedanken,
mit den Grenzen und den Schranken.

# Vers um Vers

Wenn der Schuh im Geiste drückt,
man schon glaubt, man wird verrückt,
wenn man sprüht vor Seligkeit,
lauthals lacht vor Fröhlichkeit,
wenn im Kopf Gedanken keimen,
hilft das Dichten und das Reimen.

Daktylus beachte sehr,
mitten in dem Themenmeer.
Eingebettet in den Takt,
Themen man zu Versen packt.
Vers um Vers Gedicht gedeiht,
Wortwahl ihm den Glanz verleiht.

# Kritikfähigkeit

Anzunehmen die Kritik
ist manchmal gar nicht leicht.
Nach Raum und Zeit, mit Blick zurück,
der Ärger aus dem Herzen weicht.

Wenn dem so ist, sei stolz und froh,
dass Du so weit gekommen.
So mancher immer hinten bleibt,
Kritik nie angenommen.

# Nutze das Jetzt

Nutze das Jetzt!
Das lehrt mich das Leben.
Und diesen Besitz
will ich weitergeben.

Ich habe erkannt,
es ist falsches Streben,
in Gedanken verbannt,
das Gestern zu pflegen.

Die Zukunft erträumen
ist gut und ist schön.
In zu vielen Schäumen
das Jetzt wird vergeh'n.

# Hass

Ach ist der Hass so hässlich!
So hässlich wie die Nacht!
Bei jedem kleinen Anlass
wird gleich Rabatz gemacht.

Die Schwächen werden kompensiert.
Der Stachel schützt die Wunde.
Doch das macht alles kompliziert
für Kranke und Gesunde.

Das Hassen überlass' dem Hass.
Oh, rette sich wer kann!
Der Stein auf deinem eig'nen Weg,
den räumt dir nur die Liebe weg.

# Abstand

Der Abstand ist ein Zauberwort,
es schützt so schön uns selbst.
Ist umsetzbar an jedem Ort,
auf dass du dich erhältst!

Vorausgesetzt du sagest: „Nein!",
zu allem was behindert,
ob im Beruf, ob im Verein,
und nicht die Nerven lindert.

Denn bist du erst mal richtig groß
und kannst nicht sagen: „Nein!"
Der Abstand kann sich lösen los
und rein stürmt jedes Schwein!

# Funktionsfähigkeit

Werde ich denn nur geliebt,
weil ich funktioniere?
Oder funktioniere ich,
weil ich werd' geliebt?

Was hat das mit Lieb' zu tun,
wenn man dies verschiebt?
Was ist dem vorausgegangen,
dass man sich so trügt?

Mir hängt das zum Halse raus,
dreh' mich einfach um.
Und damit es besser klappt,
läuft die Welt mit mir herum.

Doch ich merk', so geht das nicht,
wie ich mir das denk'.
Abstand braucht's zu meinem Schutz –
konsequent und streng.

Schmerzen müssen gar nicht sein.
Meistens kommen sie zurück.
Liebe ich mich endlich selber,
ist der Partner auch entzückt.

# Hoffnung

Die Hoffnung ist ein schönes Wort,
sofern man glaubt, sie wird gestillt.
Wenn man sich wähnt an einem Ort,
wo sich der Wunsch bestimmt erfüllt.

Die Wirklichkeit braucht meist zu lange,
bis jedes Fernziel ist erreicht.
Die Hoffnung hält uns dann in Gange,
auch wenn der Weg nicht immer leicht.

Die Hoffnung nährt den Optimismus.
Vielleicht ist es auch umgekehrt.
Wenn Optimismus Hoffnung nährt,
dann wäre dies nicht mal verkehrt.

Der Pessimismus schafft mit List.
Zu gerne nagt er, sägt und drückt.
Die Hoffnung kickt ihn auf den Mist,
weil sie ja doch die Stärk're ist.

# Grenzenlose Transparenz

Was nützt mir die Transparenz,
wenn mir meine Assistenz
mangels ihrer Eloquenz
und mit ihrer Dekadenz
vor und nach der Konferenz
auslöst meine Insolvenz?!

Wo steckt hier die Effizienz
bei so großer Differenz
zu der Führungskompetenz?

Da bleibt nur die Konsequenz,
dass sie geht zur Konkurrenz.

Das ist meine Quintessenz
zur grenzenlosen Transparenz.

# Wunderwaffe

In diesem Lande ist der
Prestige-Verlust sehr schlimm.
Egal wie hoch man war,
es schmerzt, wenn man fällt hin.

Nicht nur in der Familie,
nein, auch am Arbeitsplatz,
hilft diese Wunderwaffe
bei dümmlichem Geschwatz.

Gemeint ist das Zitat
von Götz von Berlichingen.
Doch denk' es nur für Dich
als Trost nach dem Misslingen.

# Der weibliche Instinkt

Der weibliche Instinkt ist klar und komplex.
Wenn wir ihn verkünden sind Männer perplex.
Der männliche Geist mit seinen Gedanken
ist recht unterhaltsam beim Frauenumgarnen.

Noch während die Männer mit ihrem Gehabe
angeblich so lässig die Frauen angraben,
sind wir schon voraus und schauen zurück,
sortieren die Männer nach ihrem Geschick.

Der männliche Geist mit seinen Gedanken
bleibt dank uns'rer Gabe meist hinter den Schranken.
Doch wer nicht besiegt den weiblichen Geist,
der bleibt noch frustriert, selbst wenn er vergreist.

## Musikalische Aufmerksamkeit

Eine Schnulze geht gut ins Ohr – und bleibt dort.

Tanzmusik hat ihr Ziel erreicht, wenn die Beine schwingen.

Aber nur einem richtig guten Lied schenkt man seine ganze Aufmerksamkeit.

# Erkenntnisse
## mit christlichen Pointen

# Glück im Zeitgeist

Was ist nur mit dem Zeitgeist los?
Das wird ja immer schlimmer!
Wann kommt er endlich hoch zu Ross
und räumt hier auf für immer?!

Der Erzfeind mimt den Kavalier!
Der will uns nur gewinnen!
Er fördert Schwächen samt der Gier
und duldet kein Entrinnen.

Wer glaubt, dass dies Erquickung sei,
weiß nichts von Gottes Lehren.
Der Teufel steckt hier im Detail
und Glück steckt im Entbehren.

# Prüfung

Mancher lebt doch nur dahin,
weiß nicht was geschieht.
Manchmal fragt er immerhin,
wohin das alles führt.

Unbekannt ist ihm der Anfang,
fremd sind ihm die Enden.
Beim Misslingen wird ihm bang.
Erfolg braucht er zum Blenden.

Glauben tut er an die Macht
irgendwo da oben.
Hauptsach' ist, sein Schicksal lacht,
das ihm gut gewogen.

Dass er könnt' in Prüfung stehen,
dieses fehlt in seinem Sinn.
Sonst er würde, käm die Reue,
setzen einen Neubeginn.

# Früchte des Geistes

*Nach: Paulus*
*Brief an die Galater 5:22*

Schon als Kind lernt man Benehmen:
und zwar am Tisch und auf Toilette
soll man immer Rücksicht nehmen -
in heimischer und fremder Stätte.

Die <u>Selbstbeherrschung</u> wird geprüft
wenn and're tun dies nicht.
Falls alles schief daneben „lüft"
und man selbst steht in der Pflicht.

Mit <u>Glaube</u>, <u>Langmut</u> und mit <u>Freude</u>
wird der <u>Friede</u> stets gewahrt.
Nicht nur beim Feinde, auch beim Freunde,
begeht man fast schon Selbstverrat.

Auch <u>Liebe</u>, <u>Güte</u>, <u>Freundlichkeit</u>
sind Ausdruck reiner <u>Milde</u>.
In guter Beispielhaftigkeit
wird Keim gesetzt in manch' Gefilde.

# Sklaventreiber

Wenn Sklaventreiber Schlipse tragen
renn' soweit du kannst.
Und musst du sie dennoch ertragen
halte stets Distanz.

Mit Fleiß und großem Pflichtbewusstsein
geh' korrekt dein' Weg.
Setz' Grenzen für dein Selbstbewusstsein -
dies gut überlegt.

Doch legt man dir Bananenschalen
mitten auf den Weg;
die Korrektheit wird dir helfen,
sie zu räumen weg.

Und irgendwann die Spieße drehen
sich zum Guten um.
Mit Sicherheit weiß das nur EINER:
Wer, wann und warum.

# Rache am Qualitätsmanagement

„Wer noch Zeit hat für den Verein,
der hat auch Zeit für Arbeit!"
Was ist das bloß für ein Schwein,
der so die Menschen antreibt?

Eig'ne Faulheit kompensieren
mittels fremder Arbeitskraft.
Solches schlaue Reagieren
lobt die freie Marktwirtschaft.

Auf den Stufen dieser Einheit
zählt der Karriereschleim.
So ist Nadelstreifendummheit
mit rein gar nichts zu verzeih'n.

„Die Rache ist mein", sprach der Herr
und lässt dies nur befristet zu.
Bis die Räuber spielen Diener
und die Opfer haben Ruh'.

# Sünde

Sünde als Wort ist unmodern,
denn man praktiziert sie gern.
Lieber frönt man den Intrigen
statt zu kämpfen für den Frieden.
Erst pfeift man auf sein Gewissen,
dann aufs sanfte Ruhekissen.
Schließlich ist es dann soweit,
dass man ist bei Pfiff bereit,
auszuführen jede Schand'.
Wichtig ist nur: Hand in Hand.

# Die Perle im schwarzen Gewand

Ich nenne sie Perle im schwarzen Gewand.
Sie lindert das Herz und schärft den Verstand.

Sie lehrt unterscheiden das Böse von Gut,
bringt Licht in das Dunkel und gibt neuen Mut.

Die Perle ist schwarz und voller Statuten.
Sie stärkt in der Brandung und auch in den Fluten.

Nur die eine Perle gibt ohne zu nehmen.
Sie ist ein Vermittler und will nicht beschämen.

Der Inhalt macht fit und baut einen auf,
stärkt Körper und Geist für den Lebenslauf.

Vertraue auf IHN, nicht nur auf Verstand,
dann darfst du in SEIN Milch- und Honigland.

Lass' Neugier nach all SEINEN Reichtümern graben
und möge die Liebe dich zu IHM tragen.

Die Kräfte bekommst du von SEINEM Ertrag!
Ach, bleibe IHM treu bis zum jüngsten Tag!

# Angst

Vor kurzem hatte ich Thrombose -
Befürchtete, ich müsste geh'n.
Auf einmal gab es nichts zu meckern,
auf einmal war mein Leben schön!

Wie schnell doch so was gehen kann.
Ich glaubte, Ihn zu hören.
Ich dacht', er klopft an meine Tür,
um mich zu früh zu stören.

Sein Anklopfen an meiner Tür
verbitte ich mir jederzeit.
Verbiete ich Ihm dort und hier.
Denn jetzt bin ich noch nicht bereit.

Ich habe gern von ihm geplaudert,
als er war noch sehr weit weg.
Seine Nähe mich erschaudert,
jagt mir ein solch einen Schreck.

Wem er sich an die Fersen klebt,
der lernt rasant das Beten,
vergisst bestimmt nie sein Gebet,
weil Not ist eingetreten.

Nur Gott lässt zu, solch ein' Besuch,
zu prüfen unser Herz.
Ob Freundschaft doch noch möglich wär',
durch Umweg über'n Schmerz.

# Die Liebe

Der Hingabe gibt man sich hin.
Man nennt so was auch Liebe.
Wo's Herz hinfällt, ich gerne bin,
da wachsen ihre Triebe.

Die Griechen reden von Agape,
wird Gottergebenheit gelebt.
Denn Frieden samt der Demut
erlangt man durch Gebet.

Mit Philia-Liebe pflegt man Freundschaft.
Sie nährt den Frieden unter uns.
Die Freundlichkeit gibt jedem Kraft.
Zur Bosheit fehlt die Gunst.

Die Philagyria liebt Geld.
Sie ist mit Bösem nah verwandt.
Zurzeit regiert sie diese Welt
und birgt so manche Schand'.

Erotik erst die Nerven reizt,
danach so manche Tränen.
Wer clever ist, mit Reizen geizt,
der braucht sich nicht zu schämen.

Die Gottesliebe ist die reinste.
Wir selbst bestimmen die Distanz.
Nur ER will geben uns das Feinste
in allerheiligster Allianz.

So mancher spricht von Liebe schlau
und braut alles zusammen.
Weil er nicht unterscheiden kann,
setzt er vieles in Flammen.

Weshalb es gar so wichtig ist,
die Schulung aller Herzen,
damit ihr wahrnehmt jede List,
um diese auszumerzen.

# Gebet

Der eine sagt, DU bist weit weg.
Der and're sagt, DU bist ganz nah.
Gleich wo DU bist, ich spür' es doch,
wenn ich DICH ruf', dann bist DU da!

Ich habe so viele Fragen an DICH
und weiß nicht, wo ich stehe.
Mein Leben ist ein Wirbelwind,
weiß nicht, wohin ich gehe.

Ich suche oft nach einem Halt
und hoffe, ihn zu finden.
Ach, bitte reagiere bald.
Hab' Angst, die Kräfte schwinden.

Ich fühle mich so oft allein
und will mir Ziele setzen.
Die Zeit vergeht so furchtbar schnell,
ich könnte nur noch hetzen.

Doch welcher Maßstab tut mir gut
für alle meine Ziele?
Ich glaub', ich weiß es insgeheim:
DU hast ja gar so viele.

# Trauerarbeit

# Mein kleines, zartes Zuckerle

Mein kleines, zartes Zuckerle,
jetzt bist Du ganz weit fort.
Ich freu' mich schon auf's Wiederseh'n
im paradies'schen Ort.

In deiner jetz'gen Sphäre
nimmst du rein gar nichts wahr,
von Gott persönlich gut beschützt
und fern jeder Gefahr.

Das Schmusen und Umarmen
pausiert nur kurze Zeit.
Bis ich mit dir erwachen werd'
herrscht längst Vollkommenheit.

## Der gegangene Freund

Den Freund zu verlieren ist traurig und schwer.
Zu wissen, er ist weg, und kommt nimmer mehr.
Erinnerungen trösten und quälen zugleich.
Die Mimik wird hart, das Antlitz erbleicht.
Der Brustkorb verkrampft sich, das Herz tut so weh.
Man will keine Pillen und auch keinen Tee.
Man will nur noch einmal ihn herzlich umarmen.
Um das zu erleben, man fleht um Erbarmen.
Das Schicksal hält nicht nur das Leiden bereit,
gar manchmal beschert es Barmherzigkeit.
Die Wunden verheilen, der Blick zeigt nach vorn
und wenn man nur will, wird Glück neu gebor'n.
'nen Freund gibt es immer, ob Mensch oder Tier.
Drum suche und finde, bis er steht vor dir.

# Letzte Reise

Es kommt die Zeit der letzten Reise
zu jenem fremden Ort,
der unbegründet so gefürchtet,
an dem man ist befristet dort.

Doch gibt's auch Zeiten des Ersehnens
nach dieser fernen Stätte.
Und wenn der Kampf zu lang erscheint,
Erlösung man gern hätte.

Der Umgang mit dem Dauer-Leid,
in dem man ist gefangen,
ist als finale Prüfungseinheit
mit Würde aufzufangen.

Das Einbahn-Ticket dürfen wir
nicht nehmen und nicht geben.
Erlösung heißt das Lösungswort
nach dem wir alle streben.

Erlöser gibt es ja nur einen.
Wir können IHN nicht sehen.
Doch wer mit IHM im Reinen ist,
der kann gelöst und angstfrei gehen.

Ich kann nicht funktionieren

Die Trauer macht mich komatös -
kann nicht mehr funktionieren.
Das macht mich nicht einmal nervös -
will nichts mehr ausprobieren.

Der Schrei des Schmerzes und die Stille -
oft wechseln sie sich ab.
Mir fehlt es so an Herzensfülle -
will nur noch an dein Grab.

Ich wünscht', der Friedhof gäbe mir
die Möglichkeit zum Campen.
Dann wär' ich Tag und Nacht bei dir
und würd' mich nicht mal schämen.

Ich lauf' Gefahr, dich auszugraben,
um dich nochmal zu halten.
Wann hören diese Schmerzen auf?
Sie sind kaum auszuhalten!

# Was ist mit meinem Leben los?

Was ist mit meinem Leben los?
Es scheint, es ist wie Krieg!
Als ich mit dir zusammen war
ging selten etwas schief.

Nach deinem Tode fiel mir auf,
das muss ich eingestehen,
das Schicksal hat mich oft flambiert.
Am liebsten würd' ich gehen.

Doch das zu tun vermag ich nicht.
Was wird mir das schon bringen?
Ich schau' lieber zum Himmel auf
und fange an zu singen.

# Zeit heilt Wunden

Kalter Fluch gilt dir, oh Arbeit,
dass mein Herz ist nicht bei ihm.
Großer Segen, dir, oh Arbeit,
nimm dir Zeit und flieg dahin.

Flieg hier her in meinen Busen,
dass du kühlst die Herzensglut.
Sehnsucht nach beherztem Schmusen
fördert nur die Schmerzensflut.

Komm, oh Zeit, und reib' dein' Balsam
in mein brennend Herz hinein.
Gegenwart, ich bitte dich:
Lass' Vergangenheit vergangen sein!

# Mein Sonnenschein

Du warst für mich die Sonne
in meiner Winterzeit,
hofiertest mich mit Wonne,
doch ich war nicht bereit.
Bereitschaft war nicht möglich,
vor Kälte war ich steif.
Durch deine Art, so höflich,
wurd' uns're Liebe reif.

Die Reife ging viel tiefer,
so tief wie nichts der Welt.
Balzzeit ging nie vorüber -
schon eher mal das Geld.
Ich kann dich nicht vergessen
aus meines Herzensgrund.
Brauch' Erinn'rung nicht verbessern,
sie war zu schön und bunt.

Nun bist du fort für immer
aus uns'rer Räumlichkeit.
Ich sehe bunte Schimmer
zu jeder Tageszeit.
Wenn ich so für mich träume
und glaub', du bist bei mir,
tu ich nichts mehr versäumen…
Mein Schatz, Du fehlst mir sehr.

# Mein Papa

Mein Papa wollte doch
nur Frieden, Glück und Liebe.
Doch schon in frühen Jahren
bekam er seine Hiebe.

Als Pazifist da musste
er in den fernen Krieg.
Es kam wie's kommen musste,
er kam zurück als Sieb.

Er war sehr tief verwundet –
nicht nur an seiner Haut.
Bei allem and'ren wurde
damals nicht hingeschaut.

Ich war für ihn die Sonne
in seiner Arbeitslast.
Doch in Erziehungsfragen
war er für mich Ballast.

Würd' er mir heut' begegnen,
dann würde ich mich freuen,
Momente mit ihm segnen
und Offenheit nicht scheuen.

# Mutter

Eine Mutter haben, die dich ganz versteht,
die wie eine Freundin mit durchs Leben geht,
die mit treuem Herzen um ihr Liebstes bangt
und in heißem Sehnen nach dem Glück verlangt,
die an ihres Kindes schönste Zukunft glaubt,
das ist Gottes Segen über deinem Haupt.

Eine Mutter haben, der dein Herz vertraut,
die mit güt'gen Augen auf dein Leben schaut,
wenn die Welt so schnöde, herzlos dich verstößt,
die mit mildem Herzen deine Fehler löst,
die trotz allem Kummer, dennoch an dich glaubt,
das ist Gottes Segen über deinem Haupt.

Halt' das Glück mit beiden Händen lind und weich,
denn nicht alle Menschen sind an Glück so reich!
Eine Mutter haben, die dich ganz versteht,
die wie eine Freundin mit durchs Leben geht,
Das ist Gottes Segen! Liebe sät sie aus,
halte sie in Ehren übers Grab hinaus!

Verfasser unbekannt

Dieses Gedicht ist mindestens 80 Jahre alt.

Raum für Notizen